LE
CONJUGATEUR ORTHOGRAPHIQUE
DES VERBES FRANÇAIS

MÉTHODE NOUVELLE ET FACILE DE CONJUGUER
LES VERBES FRANÇAIS A L'USAGE DES ÉCOLES

PAR

Louis TESSON

Professeur de Français
au New-England College of Languages, à Boston (Etats-Unis).

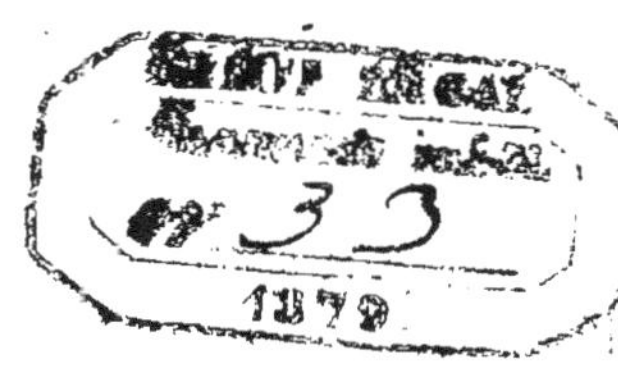

Prix : **50 centimes.**

PARIS
Ch. AMAT, Éditeur
11, rue Cassette, 11

LA ROCHELLE
Noel TEXIER, imprimeur
Rue des Saintes-Claires, 29-31

1909

LE
CONJUGATEUR ORTHOGRAPHIQUE

PRIMES EXCEPTIONNELLES

Nos méthodes sont si nouvelles, si originales qu'on peut ne pas les comprendre très facilement au premier abord. Il est donc dans notre intérêt de donner à nos lecteurs et à nos clients toutes les explications qu'ils désirent. C'est pourquoi nous offrons de corriger tous les exercices donnés par nos livres d'école et tous ceux qu'on fera en les basant sur nos méthodes, qu'ils soient écrits en phonétique ou en orthographe usuelle.

C'est un vrai cours de français par correspondance que nous offrons ainsi, à titre gratuit, à quiconque se sert d'un de nos livres. On peut nous envoyer à corriger autant d'exercices qu'on voudra, ou nous faire toutes sortes de questions sur la grammaire et sur la prononciation. Ce privilège est pour six mois. La seule obligation qu'il comporte est l'envoi d'une enveloppe timbrée et adressée, avec toute correspondance, pour la réponse et le renvoi des exercices après corrections. En dehors des Etats-Unis, le meilleur moyen est d'envoyer d'avance un mandat-poste pour couvrir les frais de cette correspondance.

S'adresser à *The French American Publishing Company*, 116, Chestnut Avenue, Jamaica Plain, Boston, Mass., Etats-Unis.

L'explication des autres primes se trouve dans le *Français Fonétique*.

Pour paraître prochainement :

Grammaire Phonétique raisonnée de la langue française.

Etude de l'Orthographe basée sur la phonétique.

Ortografe et Fonétisme, par A. Mérikin.

Voix de l'Etranger, par P. d'Agog. Première partie : **0 fr. 20**.

La Grammaire vue de l'Etranger, par Louis Tesson. Première partie : **0 fr. 20**.

LE
CONJUGATEUR ORTHOGRAPHIQUE

LE
CONJUGATEUR ORTHOGRAPHIQUE
DES VERBES FRANÇAIS

MÉTHODE NOUVELLE ET FACILÉ DE CONJUGUER
LES VERBES FRANÇAIS A L'USAGE DES ÉCOLES

PAR

Louis TESSON

Professeur de Français
au New-England College of Languages, à Boston (Etats-Unis).

Prix : **50 centimes.**

PARIS

Ch. AMAT, Éditeur

11, rue Cassette, 11

LA ROCHELLE

Noel TEXIER, imprimeur

Rue des Saintes-Claires, 29-31

1909

LE
CONJUGATEUR ORTHOGRAPHIQUE

DES VERBES FRANÇAIS

Le Conjugateur Orthographique des Verbes Français est
une petite brochure à l'usage des écoles. C'est une sorte de
dictionnaire de verbes, très abrégé de forme, et cependant
complet, une méthode tout à fait nouvelle et facile pour conjuguer tous les verbes français, condensée en quelques pages.
Cette brochure est la suite de l'*Exposé du Verbe Français*,
qu'elle complète et qu'elle explique.

Comme on le voit par les tableaux de ce *Conjugateur*, il
y a une soixantaine de verbes français qu'on nomme irréguliers. On ne compte, bien entendu, que le verbe simple pour
tous ses composés.

Il nous a suffi de ramener cette soixantaine de verbes dans
ses cadres naturels et d'en donner les radicaux divers, c'est-
à-dire les clés de leur conjugaison et la manière si simple de
se servir de celles-ci, pour diminuer considérablement le
nombre des irrégularités des verbes français.

Un bon nombre même de celles qui restent après cette ré-
duction, se groupent encore sous diverses lois qui sont
expliquées dans le *Verbe Français*. Certes, les élèves trouve-
ront intérêt à les étudier de temps en temps en analysant les
verbes ; mais ils peuvent aussi se contenter de consulter nos
tableaux, comme ils feraient d'une table de multiplication.
Même borné à cet usage, le *Conjugateur* a des avantages
qu'on ne peut manquer de reconnaître.

Les quatre règles de conjugaison nouvelles à l'aide des

radicaux, si simples, si faciles à retenir, s'adressent à l'intelligence des élèves et leur permettent de conjuguer *régulièrement* la plus grande et la plus importante partie des temps — le premier groupe — de verbes considérés en bloc comme *irréguliers* par les grammaires. Elles nous dispensent de répéter pour chaque verbe des formes qui sont tout à fait régulières. C'est ainsi que nous avons pu condenser dans quelques tableaux toutes les formes verbales dont on a besoin pour conjuguer *tous* les verbes français, réguliers ou irréguliers.

Pour rendre les recherches encore plus faciles, nous donnons un tableau synoptique comprenant seulement l'infinitif des 63 verbes qui composent le *Conjugateur*, groupés par conjugaisons usuelles.

Ayant l'infinitif d'un verbe à conjuguer, on consulte le tableau spécial auquel ce verbe appartient par sa terminaison.

Si ce verbe n'est pas représenté dans ce tableau, au moins par la forme simple dont il peut être composé ou par une terminaison, c'est un verbe à radical unique.

Pour conjuguer ce verbe, il suffit d'ajouter à son radical unique les terminaisons régulières du tableau I qui appartiennent à la terminaison de son infinitif.

Au contraire, si ce verbe figure dans le tableau de sa conjugaison, la colonne où il se trouve indique d'abord si c'est un verbe à radical unique irrégulier ou à quelle classe de verbes à plusieurs radicaux il appartient, et son numéro donne la place qu'il occupe dans les tableaux du *Conjugateur*, où l'on trouve toutes les indications nécessaires pour le conjuguer, sans compter les transformations et les contractions de ses radicaux qui constituent son histoire particulière.

TABLEAU SYNOPTIQUE

de tous les Verbes français à radical unique ayant quelque irrégularité
et de tous les Verbes à deux radicaux.

Verbes dont l'infinitif est en **er**

RADICAL UNIQUE	II	TABLEAUX :	3 et 4	5
Tous les verbes en **er** exceptés.			58 envoyer 59 ...yer	63 aller

Verbes dont l'infinitif est en **ir**

1 tressaillir			56 fuir	
2 cueillir	*comme partir*		41 mourir	
3 ouvrir	sortir		47 —enir	
4 —frir	mentir		50 —quérir	
5 vêtir	sentir			
6 courir	dormir			
7 bouillir	servir			
8 partir	se repentir			

TABLEAU II	1	2	3 et 4	5

Verbes dont l'infinitif est en **oir**

1	2	3 et 4	5
13 pleuvoir	30 falloir 31 valoir 39 asseoir 54	52 choir 53 voir 54 asseoir 39 42 —evoir 43 mouvoir 44 vouloir 45 pouvoir	61 avoir 62 savoir

Pourvoir est le seul verbe en **oir** dont les radicaux tonique et atonique prennent toutes les terminaisons régulières sans contractions.

Verbes dont l'infinitif est en **re**

1	2	3 et 4	5
9 suivre 10 vivre 11 mettre 12 ...clure	16 maudire 17 —fire 18 dire 19 redire 20 lire 21 taire 22 plaire 23 faire 24 naître 25 —aître 26 —oître	27 moudre 28 coudre 29 résoudre 32 prendre 33 —uire 34 bruire 35 nuire 36 —crire 37 —indre 38 absoudre 40 clore	46 boire 51 croire 55 bruire 57 traire	60 être

I

Terminaisons Régulières

1er GROUPE DE TEMPS		2e GROUPE	3e GROUPE
INDICATIF	**SUBJONCTIF**	**INDICATIF**	

Présent.	*Imparfait.*	*Présent.*	*Futur.*	*Passé défini.*
Inf. **er** **ir re oir**			**er** **ir** **re oir**	**er** **ir re** **oir** **enir**
e. *s* ou *x*	ais	*e*	erai irai rai	ai is us ins
es *s* , *x*	ais	*es*	eras iras ras	as is us ins
e *t* *t*	ait	*e*	era ira ra	a i*t* u*t* in*t*
ons	ions	ions	erons irons rons	âmes îmes ûmes înmes
ez (é)	iez	iez	erez irez rez	âtes îtes ûtes întes
en*t*	aient	*ent*	eron*t* iron*t* ron*t*	èren*t* irent urent inrent

Impératif.	*Participe Présent.*		*Conditionnel.*	*Imparfait du Subjonctif.*	*Participe passé.*
Mêmes formes que la deuxième personne du singulier (moins *s* pour les verbes en *er*) et les première et deuxième personnes du pluriel du présent de l'indicatif.	ant	Il n'y a d'irrégularités de terminaisons qu'au présent de l'indicatif, à l'impératif et au participe passé.	Changer *ai, as*, etc., du futur en *ais, ais, ait, ions, iez, aient.*	Ajouter aux deuxièmes personnes du singulier du passé défini les terminaisons *sse, sses, ^t, ssions, ssiez, ssent.*	er é ir i re } oir } u

II
Verbes à Radical Unique

Infinitif	Participe Présent.	Ind. Prés.	Subj. Prés.	Passé Déf.	Part. Passé.	Futur.
Radical Term.	*Terminaisons.*	*Impératif.*		*Imparf. Subj.*	*Temps Composés.*	*Conditionnel.*
1 Tressaill ir	..........ant	..........*e*	..........*e*	..........*is*	..........*i*	..........—irai
2 Cueill ir	**Imparfait.**	....	....	....	....	..........—**e**rai
3 Ouvr ir	....	....	....	....	ouv**er** *t*	..........—irai
4 —fr ir	..........ais	....	....	....	—**fer** *t*	....
5 Vêt ir	....	..........*s*	....	..........*is*	..........**u**	....
6 Cour ir	....	..........*s*	....	..........**us**	..........u	cour... [i]rai
7 Bouill ir	....	(6) bou [ill] *s*	....	..........*is*	i	..........—irai
8 Part ir	....	par [t] *s*	....	....	....	....
9 Suiv re	....	sui [v] *s*	....	....	..........**i**	..........—rai.
10 Viv re	....	vi[v] *s*	———	**véc** **u**s	véc u	....
11 Mett re	....	met [t] *s*	il me[tt] t	m [ett] *is*	m *is*	....
12 —clu re	....	—clu *s*	———	—cl [u] us	—cl us	....
13 Pleuv oir	....	pleu [v]. *t*	....	pl [euv] u*t*	pl [euv] u	..........ra

14 Tous les verbes en **er**, excepté **aller** et les verbes en **yer**.

Règle de conjugaison. — Ajouter les terminaisons régulières au radical unique en tenant compte des modifications données dans ce tableau.

Conjuguer comme partir : *sortir, mentir, sentir, dormir, servir, se repentir* et composés.

Asservir, assortir, ressortir, répartir ont un changement de radical en *iss*, et tous les autres verbes en *ir* sont des verbes à radical augmenté, en *iss* pour la plupart.

VERBES A DEUX RADICAUX

1

INFINITIF		PART. PRÉS.		IND. PRÉS.	SUBJ. PRÉS.	PASSÉ DÉF.	PART. PASSÉ	FUTUR
Rad.	Term.	Rad.	Term.	Radical du Participe Présent			Radical de l'Infinitif	
15 —	ir	—iss	ant	—i [ss] s	— iss e	— is	— i	— irai
16 Maud	ir(e)	maudiss		....	....	....	it	....
17 —f	ir(e)	—fis		—fi [s] s	— fis e	—f is	it	....
18 D—	ir(e)	dis		vous dites	....	....	it	....
19 Red	ir(e)	redis		vous redites	....	....	it	....
20 L.	ir(e)	lis		li [s] s	lis e	l us	l u	l irai
21 Tai	re	tais		....	....	t[ai] us	t u	rai
22 Plai	re	plais		il plait	....	pl[ai] us	pl u	....
23 Fai	re	fais		vous faites	(2) fass e	f[ai] is	fai t	fe rai
24 Naît	re	nais		ils fout	....	naqu is	n[ait é	....
25 —aît	re	—aiss	ï devant	....	....	—[ait] us	—[aî] u	....
26 —oît	re	—oiss	t	....	....	—[oît] us	—[oî] u	....

Règle de conjugaison. — Le radical du participe présent (en *iss*, *is*, *aiss*, *oiss* ou *ais*) forme le premier groupe de temps ; le radical de l'infinitif forme les autres temps.

INFINITIF		PART. PRÉS.	PRÉS. IND.		SUBJ. PRÉS.		PASSÉ DÉF.		PART. PASSÉ		FUTUR	
Rad.	Term.	*Radical du Participe Présent*									*Radical Inf.*	
27 Moud	re	moul	moud	*s*	moul	*e*	moul	u*s*	moul	u	moud	rai
28 Coud	re	cous	coud	*s*	......		cous	i*s*	cous	u	......	
29 Résoud	re	résolv	résou[d]	*s*	......		résol[v] **us**		....		......	
30 Fall (faud)	oir	......	fau[d]	*t*	(1) **faill**	*e*	fall	u*t*	....	u	faud	ra
31 Val (vaud)	oir	......	vau[d]	*x*	(1) **vaill**	*e*	val	us	....	u	vaud	rai
32 Prend	re	—prenn	pren[*d*]	*s*	prenn	*e*	pr[en]	*is*	pr	is	...	—rai
							Radical de l'Infinitif					
33 —ui	re	—uis ant	—ui	*s*	—uis	*e*	—uis	*is*	—ui	*t*		—rai
34 Lui	re	luis	......		......		....			lui	......	
35 Nui	re	nuis	......		......		....			nui	......	
36 —cri	re	—criv	—cri	*s*	......		—criv	is		*t*	......	
37 (o)(e)aind	re	—aign	—ain[d]	*s*	......		— aign	is	—ain[d]	*t*	......	
38 Absond	re	absolv	absou[d]	*s*	......		—:—		absou[d] *s*		......	
39 Asse (assié)	oir	assey	......		......		ass[e]	is	ass	is	assey	erai
			assié*d*	*s*	......		....		......		assié	rai
40 Clo	re	clos										

Règle de conjugaison. — Le radical du participe présent forme tous les temps, excepté le singulier du présent de l'indicatif et le participe passé de certains verbes (celui-ci formé par le radical de l'infinitif sans terminaison et même avec contraction) ainsi que le futur et le conditionnel. Les verbes *falloir*, *valoir*, *vouloir* et les verbes en *enir* (tableau 3) ont un deuxième radical *faud*, *vaud*, *veul*, *iend* qui s'emploie devant une terminaison consonne, c'est-à-dire au futur et au conditionnel, ainsi qu'au singulier du présent de l'indicatif.

INFINITIF		PART. PRÉS.	RADICAL TONIQUE	INDICATIF PRÉS.		SUBJONCTIF PRÉS.		PASSÉ DEF.		PART. PASSÉ		FUTUR	
Rad.	*Terminaisons*									*Radical atonique*			
41 Mour	ir	ant	meur	meur	s	meur	e	mour	us	mo[u]r	t	mour[i]	rai
42 (7)—ev	oir		—oiv	—oi[v]	s	—oiv	e	—[ev]	us	—[ev]	u	—ev	rai
43 Mouv	oir		meuv	meu[v]	s	meuv	e	m[ouv]	us	m[ouv]	û	mouv	rai
44 Voul	oir		veul	veu[l]	x	(1)veuill	e	voul	us	voul	u	voud	rai
45 Pouv	oir		peuv	peu[v]	x	(2)puiss	e	p[ouv]	us	p	u	pour	rai
46 (4)Boi	re	(buv)	boiv	boi[v]	s	boiv	e	b[uv]	us	b	u	boi	rai
47 —en	ir		—ienn	—ien[n]	s	—ienn	e	—[en]	ins	—en	u	iend	rai
48 (5)—é+consonne finale	er		—è+...	—è+...	c	—è+...	e	—é+...	ai	—é+...	é	—é+...	erai
49 — e+....	er		—è+...	—è+...	c	—è+...	e	—e+...	ai	—e+...	é	—è+...	erai
50 —quér	ir		—quier	—quier	s	—quièr	e	—qu[ér]	is	—qu	is	—quer[i]	rai
		Rad. en y	*Part. Prés.*										
51 Croi	re	croy	ant	croi	s	croi	e	cr[oi]	us	cr	u	croi	rai
52 Ch	oir	choy		choi	s	choi	e	ch	us	ch	u	cher	rai
53 (3) V	oir	voy		voi	s	voi	e	v	is	v	u	ver	rai
54 Asse	oir	assoy		ass[e]oi	s	ass[e]oï	e	ass	is	ass	is	ass[e]oi	rai
55 Brui	re	bruy (bruiss)		brui	s	....		....		....		....	
56 Fu	ir	fuy		fui	s	fui	e	fu	is	fu	i	fu	irai
57 Trai	re	tray		trai	s	trai	e	....		trai	t	....	rai
58 Envoy	er	envoy		envoi	e	envoi	e	envoy	ai	envoy	é	enver	rai
59 (a) (o) (u) y	er	—y		—i	e	—i	e	—y	ai	—y	é	—i	erai

L'*e* de ...*quier* se change en *è* devant une syllabe ayant un *e* muet.

Règle de conjugaison. — Le radical tonique ou en *i* s'emploie partout où l'accent tonique tombe sur la syllabe finale du radical. Autrement on emploie le radical atonique ou en *y*.

VERBES IRRÉGULIERS

5

Infinitif.	Part. Prés.	Ind. Prés.	Impératif.	Subj. Prés.	Passé Déf.	Part. Passé.	Futur.
60 Êt re	ét an*t*	suis		(2)soi *s*	**f** us	ét é	serai
	....	es	sois	soi *s*	....	....	....
Imparfait.	....	est	....	soi *t*	....	....	....
Et ais	....	sommes	soy ons	soy ons	....	....	....
....	....	êtes	soy ez(é)	soy ez	....	....	....
....	....	sont	....	soi *ent*	....	....	....
61 Av oir	**ay** an*t*	ai	....	(2)ai *e*	**e** us	*e* u	au rai
....	....	as	ai *e*	ai *es*	....	....	....
Imparfait.	....	a	....	ai *e*	....	....	....
Av ais	....	ay ons	ay ons	ay ons	....	....	....
....	....	av ez	ay ez	ay ez	....	....	....
....	....	ont	....	ai *ent*	....	....	....
62 Sav oir	sa**ch** an*t*	sai *s*	....	(2)sach *e*	s[av] us	s[av] u	sau rai
	....	sai *s*	sach *e*	sach *es*	....	....	....
Imparfait.	....	sai *t*	....	sach *e*	....	....	....
Sav ais	....	sav ons	sach ons	sach ions	....	....	....
....	....	sav ez	sach ez	sach iez	....	....	....
....	....	sav *ent*	....	s ach *ent*	....	....	....
63 All er	all an*t*	vais	....	(1)ai**ll** *e*	all ai	all é	**irai**
....	....	vas	va	ai**ll** *es*	....	....	....
....	....	va	....	ai**ll** *e*	....	....	....
....	....	all ons	all ons	all ions	....	....	....
....	....	all ez	all ez	all iez	....	....	....
....	....	von*t*	....	ai**ll** *ent*	....	....	....

REMARQUES

(1) Quelques verbes, *aller*, *vouloir*, *valoir*, *équivaloir*, *revaloir*, *falloir*, mouillent *l* ou *ll* de leur radical au présent du subjonctif : *aille*, *veuille*, *vaille*, *faille*, devant une terminaison muette.

Prévaloir forme son subjonctif régulièrement : *prévale*.

(2) Les verbes ayant un participe présent irrégulier forment leur subjonctif avec le radical de ce participe présent irrégulier. *Pouvoir* a pour subjonctif *puisse*, formé de *puissant* (employé comme adjectif). *Faire* a *fasse*. (*Puis-je ?* s'emploie au lieu de *Peux-je ?*)

Sois et *aie*, subjonctifs des verbes être et *avoir*, suivent la règle des verbes à deux radicaux, l'un en *y* et l'autre en *i*.

(3) *Revoir* et *entrevoir* se conjuguent comme *voir*. *Prévoir* a le futur et le conditionnel en *oirai* et *oirais*. Les autres verbes en *voir* ont tous leurs temps réguliers.

(4) *Boire* et ses composés ayant une terminaison avec un *e* muet forment leur infinitif avec leur radical tonique *boiv*, suivant la règle des verbes à radical tonique et atonique.

(5) Les verbes en *eler* et en *eter* ont deux orthographes pour leur deuxième radical.

Les uns prennent l'accent grave sur l'*e* du radical, comme *bourceler*, *celer*, *congeler*, *déceler*, *dégeler*, *démanteler*, *écarteler*, *geler*, *harceler*, *marteler*, *modeler*, *peler*, *acheter*, *becqueter*, *breveter*, *crocheter*, *décolleter*, *épousseter*, *étiqueter*, *pailleter*, *racheter*.

Les autres redoublent la consonne finale.

Les verbes dont le radical est terminé par un *c* prennent une cédille sous le *c* devant les voyelles *a*, *o*, *u*, pour conserver à ce *c* la prononciation douce qu'il a à l'infinitif.

Pour la même raison les verbes dont le radical est terminé par un *g* prennent un *e* muet après le *g* devant les terminaisons commençant par a ou o.

ORTHOGRAPHE

(6) Les contractions du radical au présent de l'indicatif n'ont lieu qu'au singulier. Le *t* de la troisième personne du singulier ne s'écrit pas après un *d* ou un *c*.

(7) *Devoir*, *redevoir*, *mouvoir* prennent l'accent circonflexe au participe passé masculin singulier : *dû*, *redû*, *mû*.

Haïr perd le tréma au singulier du présent de l'indicatif : je *hais*, tu *hais*, il *hait*, et à la deuxième personne du singulier de l'impératif. Il ne prend pas l'accent circonflexe.

Croître prend l'accent circonflexe non seulement sur l'*i* suivi d'un *t*, mais sur l'*i* ou l'*u* dans toutes les formes qui autrement sont semblables à celles de *croire*. Part. passé, *crû* (f. crue). Les composés ne prennent l'accent circonflexe que sur l'*i* suivi d'un *t*. *Vaincre* change le *c* en *qu* devant toute voyelle, excepté *u*. Ind. présent : il vainc.

La Rochelle, Imprimerie Nouvelle Noël Texier.

Publications Nouvelles
pour les Ecoles
Par Louis TESSON

Le Français Fonétique, métode nouvelle pour apprendre et pour enseigner le français. . . . . **1** »

Livre de Lecture Fonético-Ortografique, 1re partie . **0.50**

Le Verbe Français Raisonné, exposé d'une méthode tout à fait nouvelle pour apprendre et pour enseigner les verbes français **0.20**

Le Verbe Français Raisonné, méthode tout à fait nouvelle pour apprendre et pour enseigner les verbes français . . **1** »

Le Conjugateur Orthographique des Verbes Français, méthode nouvelle et facile de conjuguer les verbes français. **0.50**

L'Ami du Professeur de Français, première partie . . **0.30**

Le Français à l'Etranger, par P. D'Agog. Première partie, **0.30**

Pour les Etats-Unis, les prix sont de **25** *cents* et de **10** *cents,* au lieu de **1** franc et de **30** centimes.
Prix spéciaux pour les écoles et les clubs.

PUBLICATIONS TRIMESTRIELLES

Le Français Fonétique, dévoué à la propagacion de la langue française et au progrès des métodes d'enseignement, publié à Paris. Abonnement d'un an pour l'étranger. **2.50**

The Phonetic French, publié à Boston, Mass.
Abonnement d'un an **2.50**

Pour toute commande de librairie, s'adresser à l'une des adresses ci-dessous :

The French American Publishing Company, 116, Chestnut avenue, Jamaica Plain, Boston, Mass. (Etats-Unis).

Ch. Amat, éditeur, 11, rue Cassette, Paris.

Noël Texier, imprimeur, 29, rue des Saintes-Claires, La Rochelle, Charente-Inférieure (France).

ÉCOLE PRÉPARATOIRE

DE

STEINERT HALL

162, Boylston Street, Boston, Mass.

Sous la direction générale de

Paul E. KUNZER, Docteur en Philologie.

Préparation aux examens d'admission à tous les collèges et à toutes les écoles spéciales des Etats-Unis.

Tous les cours sont sous la direction de spécialistes d'une grande expérience.

La rentrée des classes a lieu le premier lundi d'octobre.

COURS PAR CORRESPONDANCE

Cours classiques réguliers.

Cours spéciaux de Grammaire et de Littérature, de Langues Mortes et de Langues Vivantes, d'Histoire, de Géographie, de Mathématiques, de Sciences, de Service Civil, etc., par des spécialistes d'une grande expérience, et à l'aide des méthodes les plus nouvelles.

Pour tous renseignements, s'adresser à Louis TESSON, **162, Boylston Street, BOSTON, Mass.**

La Rochelle. Imprimerie Nouvelle Noël Texier.